Theo von Taane

Grammatik bei Meister Yoda ich hatte!

Aus der Humor Reihe: „Heute schon gelacht?"

Neulich im Wartebereich der Entbindungsstation

Bibliografische Information der Deutschen Nationalbibliothek:
Die Deutsche Nationalbibliothek verzeichnet diese Publikation in der Deutschen Nationalbibliografie; detaillierte bibliografische Daten sind im Internet über http://dnb.dnb.de abrufbar.

© 2015 Theo von Taane; 1. Auflage

Texte: Theo von Taane
Grafiken: © 1998 TLC Tewi Verlag GmbH

Herstellung und Verlag: BoD – Books on Demand, Norderstedt

ISBN: 9783734758584

Grammatik bei Meister Yoda ich hatte!

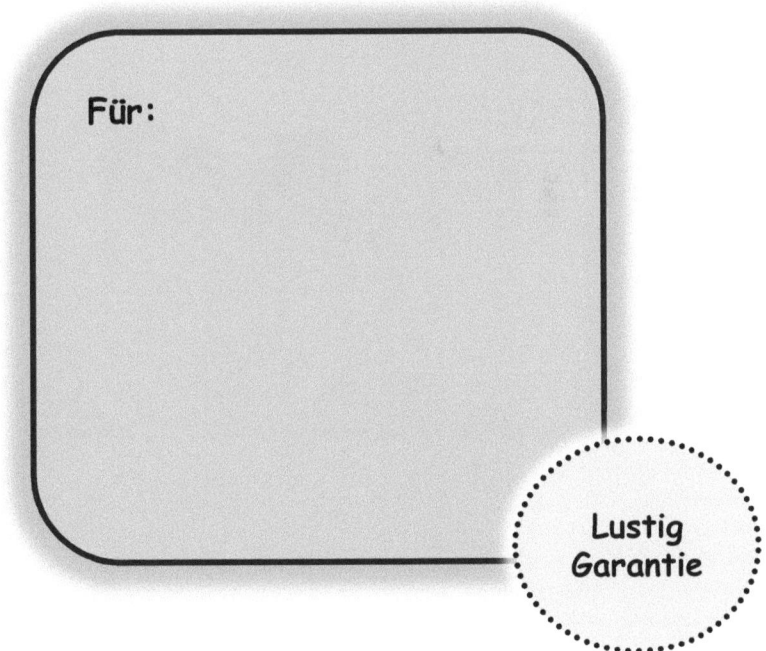

Für:

Lustig Garantie

Chemie

Und wenn Du jetzt statt dessen deinen Finger in die Flamme hältst, dann nennt man das ‚brennende Leidenschaft'.

Unterricht

Danke Peter, für dein Bild des Kuppenpilzes, wie du ihn genannt hast. Und ihr anderen hört auf zu lachen, ich finde das hat er sehr schön gemalt.

Predigt

Lehrer

Mafia Manson

Luigi, hast du endlich verpackt die Teile von der Verräter, zum Schicken zu de Boss.

Feststecken

Party

Hürdenlauf

> Mitten im Sprung merkte er es.
> Etwas war anders als sonst.
> Doch nun war es zu spät, das Schicksal würde seinen vorbestimmten Lauf nehmen.
> Und die einzige Frage die sich nun noch stellte war, ob es ein noch schlimmerer Durchfall werden würde, als der ‚große Spritzer' von Sommer 2014?

Wasserrutsche

> Es ist schon unglaublich was deine Tochter da im Garten macht.

> Wieso, sie liebt es eben wieder und immer wieder die Wasserrutsche runter zu rutschen.

> Das Wasserrutschen an sich meine ich auch nicht. Aber in Anbetracht von 1 Grad Außentemperatur ist das alles andere als normal.

Arzt

Bungee jumping

Fußball

Los du Bauer, du gehst rüber auf G4. Und der Läufer außen links auf H5. Und der König soll bleiben wo er ist.

Mich nervt langsam seine Art das Team zu steuern. Wieso ist er überhaupt Mannschaftsführer geworden?

Na, das war der Wunsch vom Vereinsvorstand. Der Vorsitzende und er sind große Schachfans.

Eisenbahn

Baby

Paul, nun reiß dich doch zusammen! Du bist weder angezogen, noch hast du deine Übungen wie verabredet durchgeführt! Was soll bloß mal aus dir werden mit dieser Einstellung? Kannst du mir das bitte sagen?

Wissenschaftler

Nach unzähligen Forschungsreihen konnte sich das Wissenschaftler Team nun auf das Ergebnis einigen.
Die Flüssigkeit unter dem Baby kann nicht aus der umgekippten Mineralwasserflasche von Frau Dr. Rose stammen.

Hund

> Ist das nicht Sabine die mit dem großen Hund spazieren geht? Ich denke die hat Angst vor Hunden?

> Ja, aber dank ihres Psychologen bei dem sie wegen ihrer Hundeangst in Therapie ist, glaubt sie nun dass der Hund sinnbildlich für ihren Vater steht.

> Verstehe, aber das ist ja eigentlich eher eine traurige Angelegenheit, da dieser sich kurz nach ihrer Geburt aus dem Staub gemacht hat. Weshalb ist sie dann so gut gelaunt?

> Weil sie gerade auf dem Weg zum Tierarzt ist, zwecks Kastration des Hundes.

Gott

„Abracadabra!"…nein……"Simsalabin…".
Das war es auch nicht…"Sesam öffne dich"……ach ja jetzt fällt es mir wieder ein….
„Es werde Licht!"

Zelt

Schneemann

Weihnachtsmann und Rentier

Lebkuchenmännchen

Rentiere

Kind

Gemüse

> Frank, kannst du bitte das Gemüse für den Salat schneiden? Und komm nicht wieder mit der Ausrede, dass es Lebewesen sind, und du es nicht übers Herz bringst, sie zu schneiden.

Konkurrenz

Schwein

Pfeife

Haarpflege

Foto

Na, Peter, das wird jetzt aber mal ein hübsches Passfoto. Ohne Grimasse würde dich vermutlich auch kein Mensch wiedererkennen.

Wettlauf

Entschuldigung mein Herr, würde es ihnen eventuell etwas ausmachen beiseite zu treten, damit ich überholen könnte?

Nein, nicht im Geringsten. In meiner Hosentasche habe ich noch einen Keks, den können sie sich auch noch nehmen.

Gipfel

Geisterbeschwörung

Klettern

Was denn?

Sabine, ich kann das Foto nicht machen. Das nimmt dir doch kein Schwein ab.

Na, dass du in deiner Freizeit Freeclimbing machst. Du kannst jetzt wieder aufstehen.

Nichtschwimmer

> Das war ja eine perfekte Vorstellung von dieser Turnerin. Warum hat sie nicht die volle Punktzahl erhalten?

> Sie hatte vergessen am Ende ihren Ball durch den roten Olympia Ring zu werfen.

Unterkunft

Nach all den Querelen mit der Baufirma, war Frank doch froh dass diese zumindest für diese Nacht dafür gesorgt hatte dass er einen Schlafplatz hatte.

Drink

Der neue Fruchtcocktail scheint Isabella ja richtig gut zu schmecken.

Ja, zumindest solange der Füllpegel noch den Boden bedeckt.

Wieso?

Na, dann wird sie den toten Käfer entdecken, der vorhin ins Glas gefallen ist.

Sparschwein

Warum macht sich Sabine die Mühe die Geldstücke wieder aus der schmalen Öffnung herauszuschütteln, anstelle das Schwein zu zerschlagen?

Dazu ist sie wohl zu tierlieb.

Beauty Salon

So Frau Braun, nun ziehen wir noch den Strich für die zweite Augenbraue, was derzeit absolut trendy ist.

Ist das nicht Frau Braun die Peter gerade schminkt?

Ja, und die kann er doch auf den Tod nicht ausstehen, weil sie nie Trinkgeld gibt.

Kindersicht

Kekse

Tanken

Vorsprechen

> Also Frau Meier, wir finden ja ihre Parade wirklich toll, aber für den Job einer Sekretärin ist das leider nicht ausreichend.

Urlaubsort

Schau mal Simone, der Spinner da. Springt mit diesem kindischen Ding umher.

Habe ich schon mal gesehen, ist ein Einheimischer und springt mit dem Ding weil er panische Angst hat.

Wie, wovor denn?

Na vor diesen riesigen Giftschlangen die es hier gibt. Genau so eine wie direkt neben deinem Bein.

Bewerbung

Zauberei

Forschung

Flaschengeist

Bobfahrt

Englischlehrer

Blaumann

Nase

Bewerbung

Bücher, Spiele und Kalender von Theo von Taane

- Mein Ziele Buch — ISBN: 9783734728570
- Tennis Witze Knallbonbons — ISBN: 9783732296490
- Tennis - ewiger Kalender — ISBN: 9783734741289
- Witze rund um Volleyball — ISBN: 9783734731801
- Witze rund um Basketball — ISBN: 9783734703824
- Witze rund ums Schwimmen — ISBN: 9783734734460
- Witze rund um Schach — ISBN: 9783734731658
- Witze rund um Tischtennis — ISBN: 9783734731648
- Witze rund um Eishockey — ISBN: 9783734730716
- Witze rund ums Fechten — ISBN: 9783734731976
- Witze rund um Handball — ISBN: 9783734731690
- Witze rund um Badminton — ISBN: 9783734732875
- Witze rund um Karate — ISBN: 9783734731666
- Witze rund um Judo — ISBN: 9783734731674
- Witze rund um Golf — ISBN: 9783734731704
- Witze rund um Fußball — ISBN: 9783734731712
- Witze rund ums Boxen — ISBN: 9783734731720
- „Je öfter man drückt, desto schneller kommt der Fahrstuhl!" — ISBN: 9783735785794
- Am. Football Notiz- und Taktikblock — ISBN: 9783734747229
- Badminton Notiz- und Taktikblock — ISBN: 9783734747953
- Baseball Notiz- und Taktikblock — ISBN: 9783734748073
- Basketball Notiz- und Taktikblock — ISBN: 9783734748110
- Bowling Notiz- und Taktikblock — ISBN: 9783734748127
- Cricket Notiz- und Taktikblock — ISBN: 9783734748134
- Eishockey Notiz- und Taktikblock — ISBN: 9783734748387
- Fechten Notiz- und Taktikblock — ISBN: 9783734748455
- Feldhockey Notiz- und Taktikblock — ISBN: 9783734748844
- Fußball Notiz- und Taktikblock — ISBN: 9783734748851
- Futsal Notiz- und Taktikblock — ISBN: 9783734748868
- Handball Notiz- und Taktikblock — ISBN: 9783734748875
- Lacrosse Damen Notiz- und Taktikblock — ISBN: 9783734748882
- Lacrosse Herren Notiz- und Taktikblock — ISBN: 9783734748905
- Korbball Notiz- und Taktikblock — ISBN: 9783734748936
- Rugby Notiz- und Taktikblock — ISBN: 9783734748943
- Schach Notiz- und Taktikblock — ISBN: 9783734748950
- Squash Notiz- und Taktikblock — ISBN: 9783734748974
- Tennis Notiz- und Taktikblock — ISBN: 9783734746406
- Tischtennis Notiz- und Taktikblock — ISBN: 9783734748967
- Volleyball Notiz- und Taktikblock — ISBN: 9783734748981
- Wasserball Notiz- und Taktikblock — ISBN: 9783734748998

Bücher, Spiele und Kalender von Theo von Taane

- Foto & Malen & Basteln Postkarten Kalender zum Selbermachen — ISBN: 9783734745393
- Brettspiel: Spannende Geschenkejagd — ISBN: 9783734740466
- Brettspiel: Schnappt Ede! — ISBN: 9783734741357
- Winterzauber – ewiger Kalender — ISBN: 9783734758249
- Wüsten – ewiger Kalender — ISBN: 9783734760112
- Internet Kunstblicke – ewiger Kalender — ISBN: 9783734732089
- Gartenpracht – ewiger Kalender — ISBN: 9783734755033
- Leonardo da Vinci – ewiger Kalender — ISBN: 9783734755392
- Meeresbrandung – ewiger Kalender — ISBN: 9783734759789
- Tierbabys – ewiger Kalender — ISBN: 9783734760082
- Südseetraum – ewiger Kalender — ISBN: 9783734757891
- Wolkenwunder – ewiger Kalender — ISBN: 9783734758256
- Piraten – ewiger Kalender — ISBN: 9783734759697
- Wer schwankt hat mehr vom Weg! — ISBN: 9783734758614

uvm...

***************** Leseprobe ****************

„80% meiner Freizeit verbringe
ich hilflos in Drehtüren!"
*ISBN: **9783735758125***

Inhaltsverzeichnis

Untertagewerk – Das Leben ist hart, bisher hat es noch keiner überlebt!

Abhubfantasien – Bergab geht's schneller als zu Fuß!

Internetmysterien – Gibt es Freunde außerhalb von Facebook?

Bonap Petit – Ich nehme nicht einfach zu, ich gebe Kalorien ein Zuhause!

Relativitätstheorie – Du und ich, wir sind schon ein tolles Trio!

Körperertüchtigung – Das Wichtigste am Schweißausbruch ist das ‚w'!

Tierfreunde – Falls jemand heute abend Schäfchen zählen will: Eins fehlt, ich hatte heute Lamm!

Wissen schafft Platz – Ein Drittel? Nicht mit mir, ich will mindestens ein Viertel!

Abenteuer Einkauf – Im Supermarkt klauen gehen und nach dem Kassenbon fragen!

Jahrestage – Da will man mal in Ruhe das ganze Haus putzen und was passiert? Man hat keine Lust!

Dies & Das – Oh nein! Mein betrunkener Zwilling war wieder unterwegs!

Der Wunschknopf – Zuerst hatte ich kein Glück, und dann kam noch Pech hinzu!

************** Leseprobe ****************

Untertagewerk – Das Leben ist hart, bisher hat es noch keiner überlebt!

Auf dem Friedhof

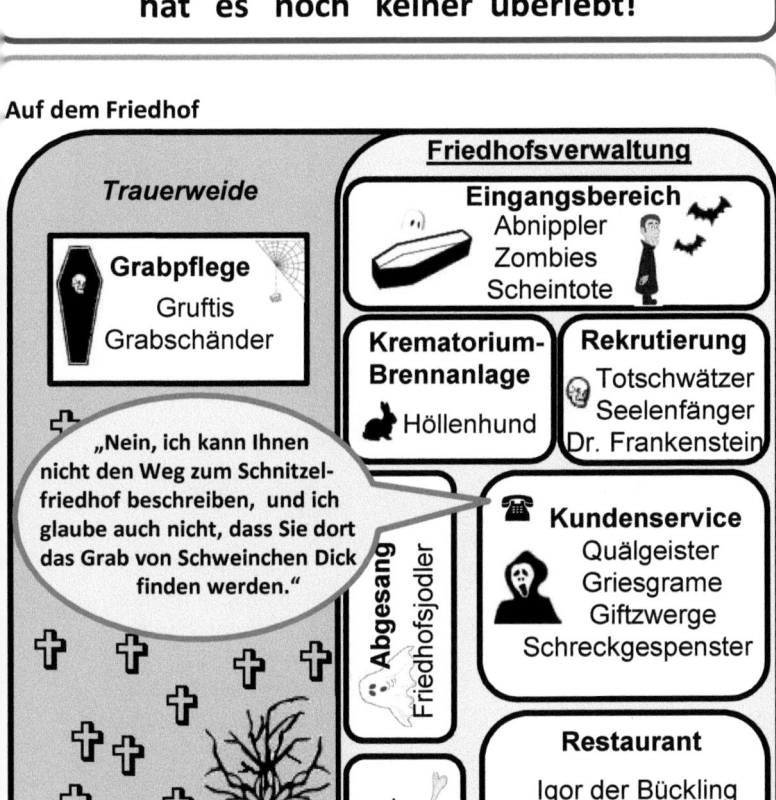

Im Solarium

© Theo von Taane